Ce Carnet Appartient A :

. . . .

La Date: . . . .

Site web :

E-Mail :

Nom D'utilisateur :

Mot de Passe :

Notes :

Site web :

E-Mail :

Nom D'utilisateur :

Mot de Passe :

Notes :

Site web :

E-Mail :

Nom D'utilisateur :

Mot de Passe :

Notes :

La Date: . . . .

Site web : ....

E-Mail : ....

Nom D'utilisateur : ....

Mot de Passe : ....

....

Notes : ....

....

....

Site web : ....

E-Mail : ....

Nom D'utilisateur : ....

Mot de Passe : ....

....

Notes : ....

....

....

Site web : ....

E-Mail : ....

Nom D'utilisateur : ....

Mot de Passe : ....

....

Notes : ....

....

....

La Date: . . . .

Site web :

E-Mail :

Nom D'utilisateur :

Mot de Passe :

Notes :

Site web :

E-Mail :

Nom D'utilisateur :

Mot de Passe :

Notes :

Site web :

E-Mail :

Nom D'utilisateur :

Mot de Passe :

Notes :

La Date: . . . .

Site web : ....

E-Mail : ....

Nom D'utilisateur : ....

Mot de Passe : ....

....

Notes : ....

....

....

Site web : ....

E-Mail : ....

Nom D'utilisateur : ....

Mot de Passe : ....

....

Notes : ....

....

....

Site web : ....

E-Mail : ....

Nom D'utilisateur : ....

Mot de Passe : ....

....

Notes : ....

....

....

La Date: . . . .

Site web : ....

E-Mail : ....

Nom D'utilisateur : ....

Mot de Passe : ....

....

Notes : ....

....

....

Site web : ....

E-Mail : ....

Nom D'utilisateur : ....

Mot de Passe : ....

....

Notes : ....

....

....

Site web : ....

E-Mail : ....

Nom D'utilisateur : ....

Mot de Passe : ....

....

Notes : ....

....

....

La Date: . . . .

Site web : ....

E-Mail : ....

Nom D'utilisateur : ....

Mot de Passe : ....

....

Notes : ....

....

....

Site web : ....

E-Mail : ....

Nom D'utilisateur : ....

Mot de Passe : ....

....

Notes : ....

....

....

Site web : ....

E-Mail : ....

Nom D'utilisateur : ....

Mot de Passe : ....

....

Notes : ....

....

....

La Date: . . . .

Site web : ....

E-Mail : ....

Nom D'utilisateur : ....

Mot de Passe : ....

....

Notes : ....

....

....

Site web : ....

E-Mail : ....

Nom D'utilisateur : ....

Mot de Passe : ....

....

Notes : ....

....

....

Site web : ....

E-Mail : ....

Nom D'utilisateur : ....

Mot de Passe : ....

....

Notes : ....

....

....

La Date: . . . .

Site web : ....

E-Mail : ....

Nom D'utilisateur : ....

Mot de Passe : ....

....

Notes : ....

....

....

Site web : ....

E-Mail : ....

Nom D'utilisateur : ....

Mot de Passe : ....

....

Notes : ....

....

....

Site web : ....

E-Mail : ....

Nom D'utilisateur : ....

Mot de Passe : ....

....

Notes : ....

....

....

La Date: . . . .

Site web : ....

E-Mail : ....

Nom D'utilisateur : ....

Mot de Passe : ....

....

Notes : ....

....

....

Site web : ....

E-Mail : ....

Nom D'utilisateur : ....

Mot de Passe : ....

....

Notes : ....

....

....

Site web : ....

E-Mail : ....

Nom D'utilisateur : ....

Mot de Passe : ....

....

Notes : ....

....

....

La Date: . . . .

Site web : ....

E-Mail : ....

Nom D'utilisateur : ....

Mot de Passe : ....

....

Notes : ....

....

....

Site web : ....

E-Mail : ....

Nom D'utilisateur : ....

Mot de Passe : ....

....

Notes : ....

....

....

Site web : ....

E-Mail : ....

Nom D'utilisateur : ....

Mot de Passe : ....

....

Notes : ....

....

....

La Date: . . . .

Site web : ....

E-Mail : ....

Nom D'utilisateur : ....

Mot de Passe : ....

....

Notes : ....

....

....

Site web : ....

E-Mail : ....

Nom D'utilisateur : ....

Mot de Passe : ....

....

Notes : ....

....

....

Site web : ....

E-Mail : ....

Nom D'utilisateur : ....

Mot de Passe : ....

....

Notes : ....

....

....

La Date: . . . .

Site web : ....

E-Mail : ....

Nom D'utilisateur : ....

Mot de Passe : ....

....

Notes : ....

....

....

Site web : ....

E-Mail : ....

Nom D'utilisateur : ....

Mot de Passe : ....

....

Notes : ....

....

....

Site web : ....

E-Mail : ....

Nom D'utilisateur : ....

Mot de Passe : ....

....

Notes : ....

....

....

La Date: . . . .

Site web : ....

E-Mail : ....

Nom D'utilisateur : ....

Mot de Passe : ....

....

Notes : ....

....

....

Site web : ....

E-Mail : ....

Nom D'utilisateur : ....

Mot de Passe : ....

....

Notes : ....

....

....

Site web : ....

E-Mail : ....

Nom D'utilisateur : ....

Mot de Passe : ....

....

Notes : ....

....

....

La Date: . . . .

Site web : ....

E-Mail : ....

Nom D'utilisateur : ....

Mot de Passe : ....

....

Notes : ....

....

....

Site web : ....

E-Mail : ....

Nom D'utilisateur : ....

Mot de Passe : ....

....

Notes : ....

....

....

Site web : ....

E-Mail : ....

Nom D'utilisateur : ....

Mot de Passe : ....

....

Notes : ....

....

....

La Date: . . . .

Site web :

E-Mail :

Nom D'utilisateur :

Mot de Passe :

Notes :

Site web :

E-Mail :

Nom D'utilisateur :

Mot de Passe :

Notes :

Site web :

E-Mail :

Nom D'utilisateur :

Mot de Passe :

Notes :

La Date: . . . .

Site web : ....

E-Mail : ....

Nom D'utilisateur : ....

Mot de Passe : ....

....

Notes : ....

....

....

Site web : ....

E-Mail : ....

Nom D'utilisateur : ....

Mot de Passe : ....

....

Notes : ....

....

....

Site web : ....

E-Mail : ....

Nom D'utilisateur : ....

Mot de Passe : ....

....

Notes : ....

....

....

La Date: . . . .

Site web : ....

E-Mail : ....

Nom D'utilisateur : ....

Mot de Passe : ....

....

Notes : ....

....

....

Site web : ....

E-Mail : ....

Nom D'utilisateur : ....

Mot de Passe : ....

....

Notes : ....

....

....

Site web : ....

E-Mail : ....

Nom D'utilisateur : ....

Mot de Passe : ....

....

Notes : ....

....

....

La Date: . . . .

Site web : ....

E-Mail : ....

Nom D'utilisateur : ....

Mot de Passe : ....

....

Notes : ....

....

....

Site web : ....

E-Mail : ....

Nom D'utilisateur : ....

Mot de Passe : ....

....

Notes : ....

....

....

Site web : ....

E-Mail : ....

Nom D'utilisateur : ....

Mot de Passe : ....

....

Notes : ....

....

....

La Date: . . . .

Site web :

E-Mail :

Nom D'utilisateur :

Mot de Passe :

Notes :

Site web :

E-Mail :

Nom D'utilisateur :

Mot de Passe :

Notes :

Site web :

E-Mail :

Nom D'utilisateur :

Mot de Passe :

Notes :

La Date: . . . .

Site web : ....

E-Mail : ....

Nom D'utilisateur : ....

Mot de Passe : ....

....

Notes : ....

....

....

Site web : ....

E-Mail : ....

Nom D'utilisateur : ....

Mot de Passe : ....

....

Notes : ....

....

....

Site web : ....

E-Mail : ....

Nom D'utilisateur : ....

Mot de Passe : ....

....

Notes : ....

....

....

La Date: . . . .

Site web : ....

E-Mail : ....

Nom D'utilisateur : ....

Mot de Passe : ....

....

Notes : ....

....

....

Site web : ....

E-Mail : ....

Nom D'utilisateur : ....

Mot de Passe : ....

....

Notes : ....

....

....

Site web : ....

E-Mail : ....

Nom D'utilisateur : ....

Mot de Passe : ....

....

Notes : ....

....

....

La Date: . . . .

Site web : ....

E-Mail : ....

Nom D'utilisateur : ....

Mot de Passe : ....

....

Notes : ....

....

....

Site web : ....

E-Mail : ....

Nom D'utilisateur : ....

Mot de Passe : ....

....

Notes : ....

....

....

Site web : ....

E-Mail : ....

Nom D'utilisateur : ....

Mot de Passe : ....

....

Notes : ....

....

....

La Date: . . . .

Site web :

E-Mail :

Nom D'utilisateur :

Mot de Passe :

Notes :

Site web :

E-Mail :

Nom D'utilisateur :

Mot de Passe :

Notes :

Site web :

E-Mail :

Nom D'utilisateur :

Mot de Passe :

Notes :

La Date: . . . .

Site web :

E-Mail :

Nom D'utilisateur :

Mot de Passe :

Notes :

Site web :

E-Mail :

Nom D'utilisateur :

Mot de Passe :

Notes :

Site web :

E-Mail :

Nom D'utilisateur :

Mot de Passe :

Notes :

La Date: . . . .

Site web : ....

E-Mail : ....

Nom D'utilisateur : ....

Mot de Passe : ....

....

Notes : ....

....

....

Site web : ....

E-Mail : ....

Nom D'utilisateur : ....

Mot de Passe : ....

....

Notes : ....

....

....

Site web : ....

E-Mail : ....

Nom D'utilisateur : ....

Mot de Passe : ....

....

Notes : ....

....

....

La Date: . . . .

Site web :

E-Mail :

Nom D'utilisateur :

Mot de Passe :

Notes :

Site web :

E-Mail :

Nom D'utilisateur :

Mot de Passe :

Notes :

Site web :

E-Mail :

Nom D'utilisateur :

Mot de Passe :

Notes :

La Date: ....

Site web : ....

E-Mail : ....

Nom D'utilisateur : ....

Mot de Passe : ....

....

Notes : ....

....

....

Site web : ....

E-Mail : ....

Nom D'utilisateur : ....

Mot de Passe : ....

....

Notes : ....

....

....

Site web : ....

E-Mail : ....

Nom D'utilisateur : ....

Mot de Passe : ....

....

Notes : ....

....

....

La Date: . . . .

Site web : ....

E-Mail : ....

Nom D'utilisateur : ....

Mot de Passe : ....

....

Notes : ....

....

....

Site web : ....

E-Mail : ....

Nom D'utilisateur : ....

Mot de Passe : ....

....

Notes : ....

....

....

Site web : ....

E-Mail : ....

Nom D'utilisateur : ....

Mot de Passe : ....

....

Notes : ....

....

....

La Date: . . . .

Site web :

E-Mail :

Nom D'utilisateur :

Mot de Passe :

Notes :

Site web :

E-Mail :

Nom D'utilisateur :

Mot de Passe :

Notes :

Site web :

E-Mail :

Nom D'utilisateur :

Mot de Passe :

Notes :

La Date: . . . .

Site web : ....

E-Mail : ....

Nom D'utilisateur : ....

Mot de Passe : ....

....

Notes : ....

....

....

Site web : ....

E-Mail : ....

Nom D'utilisateur : ....

Mot de Passe : ....

....

Notes : ....

....

....

Site web : ....

E-Mail : ....

Nom D'utilisateur : ....

Mot de Passe : ....

....

Notes : ....

....

....

La Date: . . . .

Site web : ....

E-Mail : ....

Nom D'utilisateur : ....

Mot de Passe : ....

....

Notes : ....

....

....

Site web : ....

E-Mail : ....

Nom D'utilisateur : ....

Mot de Passe : ....

....

Notes : ....

....

....

Site web : ....

E-Mail : ....

Nom D'utilisateur : ....

Mot de Passe : ....

....

Notes : ....

....

....

La Date: . . . .

Site web : ....

E-Mail : ....

Nom D'utilisateur : ....

Mot de Passe : ....

....

Notes : ....

....

....

Site web : ....

E-Mail : ....

Nom D'utilisateur : ....

Mot de Passe : ....

....

Notes : ....

....

....

Site web : ....

E-Mail : ....

Nom D'utilisateur : ....

Mot de Passe : ....

....

Notes : ....

....

....

La Date: . . . .

Site web : ....

E-Mail : ....

Nom D'utilisateur : ....

Mot de Passe : ....

....

Notes : ....

....

....

Site web : ....

E-Mail : ....

Nom D'utilisateur : ....

Mot de Passe : ....

....

Notes : ....

....

....

Site web : ....

E-Mail : ....

Nom D'utilisateur : ....

Mot de Passe : ....

....

Notes : ....

....

....

La Date: . . . .

Site web : ....

E-Mail : ....

Nom D'utilisateur : ....

Mot de Passe : ....

....

Notes : ....

....

....

Site web : ....

E-Mail : ....

Nom D'utilisateur : ....

Mot de Passe : ....

....

Notes : ....

....

....

Site web : ....

E-Mail : ....

Nom D'utilisateur : ....

Mot de Passe : ....

....

Notes : ....

....

....

La Date: . . . .

Site web : ....

E-Mail : ....

Nom D'utilisateur : ....

Mot de Passe : ....

....

Notes : ....

....

....

Site web : ....

E-Mail : ....

Nom D'utilisateur : ....

Mot de Passe : ....

....

Notes : ....

....

....

Site web : ....

E-Mail : ....

Nom D'utilisateur : ....

Mot de Passe : ....

....

Notes : ....

....

....

La Date: . . . .

Site web : ....

E-Mail : ....

Nom D'utilisateur : ....

Mot de Passe : ....

....

Notes : ....

....

....

Site web : ....

E-Mail : ....

Nom D'utilisateur : ....

Mot de Passe : ....

....

Notes : ....

....

....

Site web : ....

E-Mail : ....

Nom D'utilisateur : ....

Mot de Passe : ....

....

Notes : ....

....

....

La Date: . . . .

Site web : ....

E-Mail : ....

Nom D'utilisateur : ....

Mot de Passe : ....

....

Notes : ....

....

....

Site web : ....

E-Mail : ....

Nom D'utilisateur : ....

Mot de Passe : ....

....

Notes : ....

....

....

Site web : ....

E-Mail : ....

Nom D'utilisateur : ....

Mot de Passe : ....

....

Notes : ....

....

....

La Date: . . . .

Site web : ....

E-Mail : ....

Nom D'utilisateur : ....

Mot de Passe : ....

....

Notes : ....

....

....

Site web : ....

E-Mail : ....

Nom D'utilisateur : ....

Mot de Passe : ....

....

Notes : ....

....

....

Site web : ....

E-Mail : ....

Nom D'utilisateur : ....

Mot de Passe : ....

....

Notes : ....

....

....

La Date: . . . .

Site web : ....

E-Mail : ....

Nom D'utilisateur : ....

Mot de Passe : ....

....

Notes : ....

....

....

Site web : ....

E-Mail : ....

Nom D'utilisateur : ....

Mot de Passe : ....

....

Notes : ....

....

....

Site web : ....

E-Mail : ....

Nom D'utilisateur : ....

Mot de Passe : ....

....

Notes : ....

....

....

La Date: . . . .

Site web : ....

E-Mail : ....

Nom D'utilisateur : ....

Mot de Passe : ....

....

Notes : ....

....

....

Site web : ....

E-Mail : ....

Nom D'utilisateur : ....

Mot de Passe : ....

....

Notes : ....

....

....

Site web : ....

E-Mail : ....

Nom D'utilisateur : ....

Mot de Passe : ....

....

Notes : ....

....

....

La Date: . . . .

Site web :

E-Mail :

Nom D'utilisateur :

Mot de Passe :

Notes :

Site web :

E-Mail :

Nom D'utilisateur :

Mot de Passe :

Notes :

Site web :

E-Mail :

Nom D'utilisateur :

Mot de Passe :

Notes :

La Date: . . . .

Site web : ....

E-Mail : ....

Nom D'utilisateur : ....

Mot de Passe : ....

....

Notes : ....

....

....

Site web : ....

E-Mail : ....

Nom D'utilisateur : ....

Mot de Passe : ....

....

Notes : ....

....

....

Site web : ....

E-Mail : ....

Nom D'utilisateur : ....

Mot de Passe : ....

....

Notes : ....

....

....

La Date: . . . .

Site web : ....

E-Mail : ....

Nom D'utilisateur : ....

Mot de Passe : ....

....

Notes : ....

....

....

Site web : ....

E-Mail : ....

Nom D'utilisateur : ....

Mot de Passe : ....

....

Notes : ....

....

....

Site web : ....

E-Mail : ....

Nom D'utilisateur : ....

Mot de Passe : ....

....

Notes : ....

....

....

La Date: . . . .

Site web : ....

E-Mail : ....

Nom D'utilisateur : ....

Mot de Passe : ....

....

Notes : ....

....

....

Site web : ....

E-Mail : ....

Nom D'utilisateur : ....

Mot de Passe : ....

....

Notes : ....

....

....

Site web : ....

E-Mail : ....

Nom D'utilisateur : ....

Mot de Passe : ....

....

Notes : ....

....

....

La Date: . . . .

Site web : ....

E-Mail : ....

Nom D'utilisateur : ....

Mot de Passe : ....

....

Notes : ....

....

....

Site web : ....

E-Mail : ....

Nom D'utilisateur : ....

Mot de Passe : ....

....

Notes : ....

....

....

Site web : ....

E-Mail : ....

Nom D'utilisateur : ....

Mot de Passe : ....

....

Notes : ....

....

....

La Date: . . . .

Site web :

E-Mail :

Nom D'utilisateur :

Mot de Passe :

Notes :

Site web :

E-Mail :

Nom D'utilisateur :

Mot de Passe :

Notes :

Site web :

E-Mail :

Nom D'utilisateur :

Mot de Passe :

Notes :

La Date: . . . .

Site web :

E-Mail :

Nom D'utilisateur :

Mot de Passe :

Notes :

Site web :

E-Mail :

Nom D'utilisateur :

Mot de Passe :

Notes :

Site web :

E-Mail :

Nom D'utilisateur :

Mot de Passe :

Notes :

La Date: ....

Site web : ....

E-Mail : ....

Nom D'utilisateur : ....

Mot de Passe : ....

....

Notes : ....

....

....

Site web : ....

E-Mail : ....

Nom D'utilisateur : ....

Mot de Passe : ....

....

Notes : ....

....

....

Site web : ....

E-Mail : ....

Nom D'utilisateur : ....

Mot de Passe : ....

....

Notes : ....

....

....

La Date: . . . .

Site web : ....

E-Mail : ....

Nom D'utilisateur : ....

Mot de Passe : ....

....

Notes : ....

....

....

Site web : ....

E-Mail : ....

Nom D'utilisateur : ....

Mot de Passe : ....

....

Notes : ....

....

....

Site web : ....

E-Mail : ....

Nom D'utilisateur : ....

Mot de Passe : ....

....

Notes : ....

....

....

La Date: . . . .

Site web : ....

E-Mail : ....

Nom D'utilisateur : ....

Mot de Passe : ....

....

Notes : ....

....

....

Site web : ....

E-Mail : ....

Nom D'utilisateur : ....

Mot de Passe : ....

....

Notes : ....

....

....

Site web : ....

E-Mail : ....

Nom D'utilisateur : ....

Mot de Passe : ....

....

Notes : ....

....

....

La Date: . . . .

Site web : ....

E-Mail : ....

Nom D'utilisateur : ....

Mot de Passe : ....

....

Notes : ....

....

....

Site web : ....

E-Mail : ....

Nom D'utilisateur : ....

Mot de Passe : ....

....

Notes : ....

....

....

Site web : ....

E-Mail : ....

Nom D'utilisateur : ....

Mot de Passe : ....

....

Notes : ....

....

....

La Date: . . . .

Site web :

E-Mail :

Nom D'utilisateur :

Mot de Passe :

Notes :

Site web :

E-Mail :

Nom D'utilisateur :

Mot de Passe :

Notes :

Site web :

E-Mail :

Nom D'utilisateur :

Mot de Passe :

Notes :

La Date: . . . .

Site web :

E-Mail :

Nom D'utilisateur :

Mot de Passe :

Notes :

Site web :

E-Mail :

Nom D'utilisateur :

Mot de Passe :

Notes :

Site web :

E-Mail :

Nom D'utilisateur :

Mot de Passe :

Notes :

La Date: . . . .

Site web : ....

E-Mail : ....

Nom D'utilisateur : ....

Mot de Passe : ....

....

Notes : ....

....

....

Site web : ....

E-Mail : ....

Nom D'utilisateur : ....

Mot de Passe : ....

....

Notes : ....

....

....

Site web : ....

E-Mail : ....

Nom D'utilisateur : ....

Mot de Passe : ....

....

Notes : ....

....

....

La Date: . . . .

Site web : ....

E-Mail : ....

Nom D'utilisateur : ....

Mot de Passe : ....

....

Notes : ....

....

....

Site web : ....

E-Mail : ....

Nom D'utilisateur : ....

Mot de Passe : ....

....

Notes : ....

....

....

Site web : ....

E-Mail : ....

Nom D'utilisateur : ....

Mot de Passe : ....

....

Notes : ....

....

....

La Date: . . . .

Site web :

E-Mail :

Nom D'utilisateur :

Mot de Passe :

Notes :

Site web :

E-Mail :

Nom D'utilisateur :

Mot de Passe :

Notes :

Site web :

E-Mail :

Nom D'utilisateur :

Mot de Passe :

Notes :

La Date: . . . .

Site web :

E-Mail :

Nom D'utilisateur :

Mot de Passe :

Notes :

Site web :

E-Mail :

Nom D'utilisateur :

Mot de Passe :

Notes :

Site web :

E-Mail :

Nom D'utilisateur :

Mot de Passe :

Notes :

La Date: . . . .

Site web :

E-Mail :

Nom D'utilisateur :

Mot de Passe :

Notes :

Site web :

E-Mail :

Nom D'utilisateur :

Mot de Passe :

Notes :

Site web :

E-Mail :

Nom D'utilisateur :

Mot de Passe :

Notes :

La Date: . . . .

Site web :

E-Mail :

Nom D'utilisateur :

Mot de Passe :

Notes :

Site web :

E-Mail :

Nom D'utilisateur :

Mot de Passe :

Notes :

Site web :

E-Mail :

Nom D'utilisateur :

Mot de Passe :

Notes :

La Date: . . . .

Site web : ....

E-Mail : ....

Nom D'utilisateur : ....

Mot de Passe : ....

....

Notes : ....

....

....

Site web : ....

E-Mail : ....

Nom D'utilisateur : ....

Mot de Passe : ....

....

Notes : ....

....

....

Site web : ....

E-Mail : ....

Nom D'utilisateur : ....

Mot de Passe : ....

....

Notes : ....

....

....

La Date: . . . .

Site web : ....

E-Mail : ....

Nom D'utilisateur : ....

Mot de Passe : ....

....

Notes : ....

....

....

Site web : ....

E-Mail : ....

Nom D'utilisateur : ....

Mot de Passe : ....

....

Notes : ....

....

....

Site web : ....

E-Mail : ....

Nom D'utilisateur : ....

Mot de Passe : ....

....

Notes : ....

....

....

La Date: . . . .

Site web : ....

E-Mail : ....

Nom D'utilisateur : ....

Mot de Passe : ....

....

Notes : ....

....

....

Site web : ....

E-Mail : ....

Nom D'utilisateur : ....

Mot de Passe : ....

....

Notes : ....

....

....

Site web : ....

E-Mail : ....

Nom D'utilisateur : ....

Mot de Passe : ....

....

Notes : ....

....

....

La Date: . . . .

Site web : ....

E-Mail : ....

Nom D'utilisateur : ....

Mot de Passe : ....

....

Notes : ....

....

....

Site web : ....

E-Mail : ....

Nom D'utilisateur : ....

Mot de Passe : ....

....

Notes : ....

....

....

Site web : ....

E-Mail : ....

Nom D'utilisateur : ....

Mot de Passe : ....

....

Notes : ....

....

....

La Date: . . . .

Site web : ....

E-Mail : ....

Nom D'utilisateur : ....

Mot de Passe : ....

....

Notes : ....

....

....

Site web : ....

E-Mail : ....

Nom D'utilisateur : ....

Mot de Passe : ....

....

Notes : ....

....

....

Site web : ....

E-Mail : ....

Nom D'utilisateur : ....

Mot de Passe : ....

....

Notes : ....

....

....

La Date: . . . .

Site web : ....

E-Mail : ....

Nom D'utilisateur : ....

Mot de Passe : ....

....

Notes : ....

....

....

Site web : ....

E-Mail : ....

Nom D'utilisateur : ....

Mot de Passe : ....

....

Notes : ....

....

....

Site web : ....

E-Mail : ....

Nom D'utilisateur : ....

Mot de Passe : ....

....

Notes : ....

....

....

La Date: . . . .

Site web : ....

E-Mail : ....

Nom D'utilisateur : ....

Mot de Passe : ....

....

Notes : ....

....

....

Site web : ....

E-Mail : ....

Nom D'utilisateur : ....

Mot de Passe : ....

....

Notes : ....

....

....

Site web : ....

E-Mail : ....

Nom D'utilisateur : ....

Mot de Passe : ....

....

Notes : ....

....

....

La Date: . . . .

Site web : ....

E-Mail : ....

Nom D'utilisateur : ....

Mot de Passe : ....

....

Notes : ....

....

....

Site web : ....

E-Mail : ....

Nom D'utilisateur : ....

Mot de Passe : ....

....

Notes : ....

....

....

Site web : ....

E-Mail : ....

Nom D'utilisateur : ....

Mot de Passe : ....

....

Notes : ....

....

....

La Date: . . . .

Site web :

E-Mail :

Nom D'utilisateur :

Mot de Passe :

Notes :

Site web :

E-Mail :

Nom D'utilisateur :

Mot de Passe :

Notes :

Site web :

E-Mail :

Nom D'utilisateur :

Mot de Passe :

Notes :

La Date: . . . .

Site web : ....

E-Mail : ....

Nom D'utilisateur : ....

Mot de Passe : ....

....

Notes : ....

....

....

Site web : ....

E-Mail : ....

Nom D'utilisateur : ....

Mot de Passe : ....

....

Notes : ....

....

....

Site web : ....

E-Mail : ....

Nom D'utilisateur : ....

Mot de Passe : ....

....

Notes : ....

....

....

La Date: . . . .

Site web :

E-Mail :

Nom D'utilisateur :

Mot de Passe :

Notes :

Site web :

E-Mail :

Nom D'utilisateur :

Mot de Passe :

Notes :

Site web :

E-Mail :

Nom D'utilisateur :

Mot de Passe :

Notes :

La Date: . . . .

Site web : ....

E-Mail : ....

Nom D'utilisateur : ....

Mot de Passe : ....

....

Notes : ....

....

....

Site web : ....

E-Mail : ....

Nom D'utilisateur : ....

Mot de Passe : ....

....

Notes : ....

....

....

Site web : ....

E-Mail : ....

Nom D'utilisateur : ....

Mot de Passe : ....

....

Notes : ....

....

....

La Date: . . . .

Site web :

E-Mail :

Nom D'utilisateur :

Mot de Passe :

Notes :

Site web :

E-Mail :

Nom D'utilisateur :

Mot de Passe :

Notes :

Site web :

E-Mail :

Nom D'utilisateur :

Mot de Passe :

Notes :

La Date: . . . .

Site web : ....

E-Mail : ....

Nom D'utilisateur : ....

Mot de Passe : ....

....

Notes : ....

....

....

Site web : ....

E-Mail : ....

Nom D'utilisateur : ....

Mot de Passe : ....

....

Notes : ....

....

....

Site web : ....

E-Mail : ....

Nom D'utilisateur : ....

Mot de Passe : ....

....

Notes : ....

....

....

La Date: . . . .

Site web : ....

E-Mail : ....

Nom D'utilisateur : ....

Mot de Passe : ....

....

Notes : ....

....

....

Site web : ....

E-Mail : ....

Nom D'utilisateur : ....

Mot de Passe : ....

....

Notes : ....

....

....

Site web : ....

E-Mail : ....

Nom D'utilisateur : ....

Mot de Passe : ....

....

Notes : ....

....

....

La Date: . . . .

Site web : ....

E-Mail : ....

Nom D'utilisateur : ....

Mot de Passe : ....

....

Notes : ....

....

....

Site web : ....

E-Mail : ....

Nom D'utilisateur : ....

Mot de Passe : ....

....

Notes : ....

....

....

Site web : ....

E-Mail : ....

Nom D'utilisateur : ....

Mot de Passe : ....

....

Notes : ....

....

....

La Date: . . . .

Site web :

E-Mail :

Nom D'utilisateur :

Mot de Passe :

Notes :

Site web :

E-Mail :

Nom D'utilisateur :

Mot de Passe :

Notes :

Site web :

E-Mail :

Nom D'utilisateur :

Mot de Passe :

Notes :

La Date: . . . .

Site web :

E-Mail :

Nom D'utilisateur :

Mot de Passe :

Notes :

Site web :

E-Mail :

Nom D'utilisateur :

Mot de Passe :

Notes :

Site web :

E-Mail :

Nom D'utilisateur :

Mot de Passe :

Notes :

La Date: . . . .

Site web : ....

E-Mail : ....

Nom D'utilisateur : ....

Mot de Passe : ....

....

Notes : ....

....

....

Site web : ....

E-Mail : ....

Nom D'utilisateur : ....

Mot de Passe : ....

....

Notes : ....

....

....

Site web : ....

E-Mail : ....

Nom D'utilisateur : ....

Mot de Passe : ....

....

Notes : ....

....

....

La Date: . . . .

Site web : ....

E-Mail : ....

Nom D'utilisateur : ....

Mot de Passe : ....

....

Notes : ....

....

....

Site web : ....

E-Mail : ....

Nom D'utilisateur : ....

Mot de Passe : ....

....

Notes : ....

....

....

Site web : ....

E-Mail : ....

Nom D'utilisateur : ....

Mot de Passe : ....

....

Notes : ....

....

....

La Date: . . . .

Site web :

E-Mail :

Nom D'utilisateur :

Mot de Passe :

Notes :

Site web :

E-Mail :

Nom D'utilisateur :

Mot de Passe :

Notes :

Site web :

E-Mail :

Nom D'utilisateur :

Mot de Passe :

Notes :

La Date: . . . .

Site web : ....

E-Mail : ....

Nom D'utilisateur : ....

Mot de Passe : ....

....

Notes : ....

....

....

Site web : ....

E-Mail : ....

Nom D'utilisateur : ....

Mot de Passe : ....

....

Notes : ....

....

....

Site web : ....

E-Mail : ....

Nom D'utilisateur : ....

Mot de Passe : ....

....

Notes : ....

....

....

La Date: . . . .

Site web :

E-Mail :

Nom D'utilisateur :

Mot de Passe :

Notes :

Site web :

E-Mail :

Nom D'utilisateur :

Mot de Passe :

Notes :

Site web :

E-Mail :

Nom D'utilisateur :

Mot de Passe :

Notes :

La Date: . . . .

Site web :

E-Mail :

Nom D'utilisateur :

Mot de Passe :

Notes :

Site web :

E-Mail :

Nom D'utilisateur :

Mot de Passe :

Notes :

Site web :

E-Mail :

Nom D'utilisateur :

Mot de Passe :

Notes :

La Date: . . . .

Site web : ....

E-Mail : ....

Nom D'utilisateur : ....

Mot de Passe : ....

....

Notes : ....

....

....

Site web : ....

E-Mail : ....

Nom D'utilisateur : ....

Mot de Passe : ....

....

Notes : ....

....

....

Site web : ....

E-Mail : ....

Nom D'utilisateur : ....

Mot de Passe : ....

....

Notes : ....

....

....

La Date: . . . .

Site web :

E-Mail :

Nom D'utilisateur :

Mot de Passe :

Notes :

Site web :

E-Mail :

Nom D'utilisateur :

Mot de Passe :

Notes :

Site web :

E-Mail :

Nom D'utilisateur :

Mot de Passe :

Notes :

La Date: . . . .

Site web : ....

E-Mail : ....

Nom D'utilisateur : ....

Mot de Passe : ....

....

Notes : ....

....

....

Site web : ....

E-Mail : ....

Nom D'utilisateur : ....

Mot de Passe : ....

....

Notes : ....

....

....

Site web : ....

E-Mail : ....

Nom D'utilisateur : ....

Mot de Passe : ....

....

Notes : ....

....

....

La Date: . . . .

Site web :

E-Mail :

Nom D'utilisateur :

Mot de Passe :

Notes :

Site web :

E-Mail :

Nom D'utilisateur :

Mot de Passe :

Notes :

Site web :

E-Mail :

Nom D'utilisateur :

Mot de Passe :

Notes :

La Date: . . . .

Site web : ....

E-Mail : ....

Nom D'utilisateur : ....

Mot de Passe : ....

....

Notes : ....

....

....

Site web : ....

E-Mail : ....

Nom D'utilisateur : ....

Mot de Passe : ....

....

Notes : ....

....

....

Site web : ....

E-Mail : ....

Nom D'utilisateur : ....

Mot de Passe : ....

....

Notes : ....

....

....

La Date: . . . .

Site web : ....

E-Mail : ....

Nom D'utilisateur : ....

Mot de Passe : ....

....

Notes : ....

....

....

Site web : ....

E-Mail : ....

Nom D'utilisateur : ....

Mot de Passe : ....

....

Notes : ....

....

....

Site web : ....

E-Mail : ....

Nom D'utilisateur : ....

Mot de Passe : ....

....

Notes : ....

....

....

La Date: . . . .

Site web :

E-Mail :

Nom D'utilisateur :

Mot de Passe :

Notes :

Site web :

E-Mail :

Nom D'utilisateur :

Mot de Passe :

Notes :

Site web :

E-Mail :

Nom D'utilisateur :

Mot de Passe :

Notes :

La Date: . . . .

Site web :

E-Mail :

Nom D'utilisateur :

Mot de Passe :

Notes :

Site web :

E-Mail :

Nom D'utilisateur :

Mot de Passe :

Notes :

Site web :

E-Mail :

Nom D'utilisateur :

Mot de Passe :

Notes :

La Date: . . . .

Site web :

E-Mail :

Nom D'utilisateur :

Mot de Passe :

Notes :

Site web :

E-Mail :

Nom D'utilisateur :

Mot de Passe :

Notes :

Site web :

E-Mail :

Nom D'utilisateur :

Mot de Passe :

Notes :

La Date: . . . .

Site web : ....

E-Mail : ....

Nom D'utilisateur : ....

Mot de Passe : ....

....

Notes : ....

....

....

Site web : ....

E-Mail : ....

Nom D'utilisateur : ....

Mot de Passe : ....

....

Notes : ....

....

....

Site web : ....

E-Mail : ....

Nom D'utilisateur : ....

Mot de Passe : ....

....

Notes : ....

....

....

La Date: . . . .

Site web :

E-Mail :

Nom D'utilisateur :

Mot de Passe :

Notes :

Site web :

E-Mail :

Nom D'utilisateur :

Mot de Passe :

Notes :

Site web :

E-Mail :

Nom D'utilisateur :

Mot de Passe :

Notes :

La Date: . . . .

Site web :

E-Mail :

Nom D'utilisateur :

Mot de Passe :

Notes :

Site web :

E-Mail :

Nom D'utilisateur :

Mot de Passe :

Notes :

Site web :

E-Mail :

Nom D'utilisateur :

Mot de Passe :

Notes :

La Date: . . . .

Site web : ....

E-Mail : ....

Nom D'utilisateur : ....

Mot de Passe : ....

....

Notes : ....

....

....

Site web : ....

E-Mail : ....

Nom D'utilisateur : ....

Mot de Passe : ....

....

Notes : ....

....

....

Site web : ....

E-Mail : ....

Nom D'utilisateur : ....

Mot de Passe : ....

....

Notes : ....

....

....

La Date: . . . .

Site web : ....

E-Mail : ....

Nom D'utilisateur : ....

Mot de Passe : ....

....

Notes : ....

....

....

Site web : ....

E-Mail : ....

Nom D'utilisateur : ....

Mot de Passe : ....

....

Notes : ....

....

....

Site web : ....

E-Mail : ....

Nom D'utilisateur : ....

Mot de Passe : ....

....

Notes : ....

....

....

La Date: . . . .

Site web : ....

E-Mail : ....

Nom D'utilisateur : ....

Mot de Passe : ....

....

Notes : ....

....

....

Site web : ....

E-Mail : ....

Nom D'utilisateur : ....

Mot de Passe : ....

....

Notes : ....

....

....

Site web : ....

E-Mail : ....

Nom D'utilisateur : ....

Mot de Passe : ....

....

Notes : ....

....

....

La Date: . . . .

Site web : ....

E-Mail : ....

Nom D'utilisateur : ....

Mot de Passe : ....

....

Notes : ....

....

....

Site web : ....

E-Mail : ....

Nom D'utilisateur : ....

Mot de Passe : ....

....

Notes : ....

....

....

Site web : ....

E-Mail : ....

Nom D'utilisateur : ....

Mot de Passe : ....

....

Notes : ....

....

....

La Date: . . . .

Site web : ....

E-Mail : ....

Nom D'utilisateur : ....

Mot de Passe : ....

....

Notes : ....

....

....

Site web : ....

E-Mail : ....

Nom D'utilisateur : ....

Mot de Passe : ....

....

Notes : ....

....

....

Site web : ....

E-Mail : ....

Nom D'utilisateur : ....

Mot de Passe : ....

....

Notes : ....

....

....

La Date: . . . .

Site web : ....

E-Mail : ....

Nom D'utilisateur : ....

Mot de Passe : ....

....

Notes : ....

....

....

Site web : ....

E-Mail : ....

Nom D'utilisateur : ....

Mot de Passe : ....

....

Notes : ....

....

....

Site web : ....

E-Mail : ....

Nom D'utilisateur : ....

Mot de Passe : ....

....

Notes : ....

....

....

La Date: . . . .

Site web : ....

E-Mail : ....

Nom D'utilisateur : ....

Mot de Passe : ....

....

Notes : ....

....

....

Site web : ....

E-Mail : ....

Nom D'utilisateur : ....

Mot de Passe : ....

....

Notes : ....

....

....

Site web : ....

E-Mail : ....

Nom D'utilisateur : ....

Mot de Passe : ....

....

Notes : ....

....

....

La Date: . . . .

Site web : ....

E-Mail : ....

Nom D'utilisateur : ....

Mot de Passe : ....

....

Notes : ....

....

....

Site web : ....

E-Mail : ....

Nom D'utilisateur : ....

Mot de Passe : ....

....

Notes : ....

....

....

Site web : ....

E-Mail : ....

Nom D'utilisateur : ....

Mot de Passe : ....

....

Notes : ....

....

....

La Date: . . . .

Site web : ....

E-Mail : ....

Nom D'utilisateur : ....

Mot de Passe : ....

....

Notes : ....

....

....

Site web : ....

E-Mail : ....

Nom D'utilisateur : ....

Mot de Passe : ....

....

Notes : ....

....

....

Site web : ....

E-Mail : ....

Nom D'utilisateur : ....

Mot de Passe : ....

....

Notes : ....

....

....

La Date: . . . .

Site web : ....

E-Mail : ....

Nom D'utilisateur : ....

Mot de Passe : ....

....

Notes : ....

....

....

Site web : ....

E-Mail : ....

Nom D'utilisateur : ....

Mot de Passe : ....

....

Notes : ....

....

....

Site web : ....

E-Mail : ....

Nom D'utilisateur : ....

Mot de Passe : ....

....

Notes : ....

....

....

La Date: . . . .

Site web : ....

E-Mail : ....

Nom D'utilisateur : ....

Mot de Passe : ....

....

Notes : ....

....

....

Site web : ....

E-Mail : ....

Nom D'utilisateur : ....

Mot de Passe : ....

....

Notes : ....

....

....

Site web : ....

E-Mail : ....

Nom D'utilisateur : ....

Mot de Passe : ....

....

Notes : ....

....

....

La Date: . . . .

Site web : ....

E-Mail : ....

Nom D'utilisateur : ....

Mot de Passe : ....

....

Notes : ....

....

....

Site web : ....

E-Mail : ....

Nom D'utilisateur : ....

Mot de Passe : ....

....

Notes : ....

....

....

Site web : ....

E-Mail : ....

Nom D'utilisateur : ....

Mot de Passe : ....

....

Notes : ....

....

....

La Date: . . . .

Site web : ....

E-Mail : ....

Nom D'utilisateur : ....

Mot de Passe : ....

....

Notes : ....

....

....

Site web : ....

E-Mail : ....

Nom D'utilisateur : ....

Mot de Passe : ....

....

Notes : ....

....

....

Site web : ....

E-Mail : ....

Nom D'utilisateur : ....

Mot de Passe : ....

....

Notes : ....

....

....

La Date: . . . .

Site web : ....

E-Mail : ....

Nom D'utilisateur : ....

Mot de Passe : ....

....

Notes : ....

....

....

Site web : ....

E-Mail : ....

Nom D'utilisateur : ....

Mot de Passe : ....

....

Notes : ....

....

....

Site web : ....

E-Mail : ....

Nom D'utilisateur : ....

Mot de Passe : ....

....

Notes : ....

....

....

La Date: . . . .

Site web : ....

E-Mail : ....

Nom D'utilisateur : ....

Mot de Passe : ....

....

Notes : ....

....

....

Site web : ....

E-Mail : ....

Nom D'utilisateur : ....

Mot de Passe : ....

....

Notes : ....

....

....

Site web : ....

E-Mail : ....

Nom D'utilisateur : ....

Mot de Passe : ....

....

Notes : ....

....

....

La Date: ....

Site web : ....

E-Mail : ....

Nom D'utilisateur : ....

Mot de Passe : ....

....

Notes : ....

....

....

Site web : ....

E-Mail : ....

Nom D'utilisateur : ....

Mot de Passe : ....

....

Notes : ....

....

....

Site web : ....

E-Mail : ....

Nom D'utilisateur : ....

Mot de Passe : ....

....

Notes : ....

....

....

La Date: . . . .

Site web :

E-Mail :

Nom D'utilisateur :

Mot de Passe :

Notes :

Site web :

E-Mail :

Nom D'utilisateur :

Mot de Passe :

Notes :

Site web :

E-Mail :

Nom D'utilisateur :

Mot de Passe :

Notes :

La Date: . . . .

Site web :

E-Mail :

Nom D'utilisateur :

Mot de Passe :

Notes :

Site web :

E-Mail :

Nom D'utilisateur :

Mot de Passe :

Notes :

Site web :

E-Mail :

Nom D'utilisateur :

Mot de Passe :

Notes :

La Date: . . . .

Site web : ....

E-Mail : ....

Nom D'utilisateur : ....

Mot de Passe : ....

....

Notes : ....

....

....

Site web : ....

E-Mail : ....

Nom D'utilisateur : ....

Mot de Passe : ....

....

Notes : ....

....

....

Site web : ....

E-Mail : ....

Nom D'utilisateur : ....

Mot de Passe : ....

....

Notes : ....

....

....

La Date: . . . .

Site web : ....

E-Mail : ....

Nom D'utilisateur : ....

Mot de Passe : ....

....

Notes : ....

....

....

Site web : ....

E-Mail : ....

Nom D'utilisateur : ....

Mot de Passe : ....

....

Notes : ....

....

....

Site web : ....

E-Mail : ....

Nom D'utilisateur : ....

Mot de Passe : ....

....

Notes : ....

....

....

La Date: . . . .

Site web :

E-Mail :

Nom D'utilisateur :

Mot de Passe :

Notes :

Site web :

E-Mail :

Nom D'utilisateur :

Mot de Passe :

Notes :

Site web :

E-Mail :

Nom D'utilisateur :

Mot de Passe :

Notes :

La Date: . . . .

Site web : ....

E-Mail : ....

Nom D'utilisateur : ....

Mot de Passe : ....

....

Notes : ....

....

....

Site web : ....

E-Mail : ....

Nom D'utilisateur : ....

Mot de Passe : ....

....

Notes : ....

....

....

Site web : ....

E-Mail : ....

Nom D'utilisateur : ....

Mot de Passe : ....

....

Notes : ....

....

....

La Date: . . . .

Site web : ....

E-Mail : ....

Nom D'utilisateur : ....

Mot de Passe : ....

....

Notes : ....

....

....

Site web : ....

E-Mail : ....

Nom D'utilisateur : ....

Mot de Passe : ....

....

Notes : ....

....

....

Site web : ....

E-Mail : ....

Nom D'utilisateur : ....

Mot de Passe : ....

....

Notes : ....

....

....

www.ingramcontent.com/pod-product-compliance
Lightning Source LLC
Chambersburg PA
CBHW031224050326
40689CB00009B/1462
9781076929358